LES
ÉTABLISSEMENTS SCHNEIDER

ÉCONOMIE SOCIALE

PARIS

IMPRIMERIE GÉNÉRALE LAHURE

9, RUE DE FLEURUS, 9

1914

ÉCONOMIE SOCIALE

LES
ÉTABLISSEMENTS SCHNEIDER

ÉCONOMIE SOCIALE

PARIS

IMPRIMERIE GÉNÉRALE LAHURE

9, RUE DE FLEURUS, 9

—

1914

ÉTABLISSEMENTS SCHNEIDER

Maison de Paris. — Siège Social et Direction Générale (42, rue d'Anjou, Paris (VIIIe). — Bureaux d'études techniques (135, Rue de la Convention, Paris (XVe).

Usine du Creusot (Saône-et-Loire). — Mine de houille; Fours à coke, Hauts fourneaux; Aciéries Bessemer et Martin, Fonderie d'acier; Forges, Laminoirs, Presses et Pilons; Ateliers de constructions mécaniques; Ateliers d'artillerie, Polygones; Services auxiliaires).

Chantiers de Chalon-sur-Saône (Saône-et-Loire). — Constructions navales, Travaux publics (Ponts, Charpentes, Appareils de levage), Chaudronnerie d'artillerie, Atelier de zingage.

Ateliers de Champagne-sur-Seine (Seine-et-Marne). — Machines électriques, Appareillage, Constructions électromécaniques.

Ateliers du Havre et d'Harfleur (Seine-Inférieure). — Ateliers d'artillerie d'Harfleur, du Havre et du Hoc; Champ de tir d'Harfleur et du Hoc.

Ateliers de précision de Paris (Rue de la Croix-Nivert, Paris (XVe). — Appareils de précision.

Batterie des Maures (Rade d'Hyères, Var). — Ateliers et Champ de tir pour la fabrication et le réglage des torpilles.

Station du Creux-Saint-Georges (Rade de Toulon, Var). — Station d'essai pour contre-torpilleurs et submersibles; transport des submersibles par le bateau-transport " Kanguroo ".

Douillerie de Bordeaux, Bordeaux (Gironde). — Douilles pour munitions d'artillerie.

Houillères de Decize (Nièvre).

Mines de fer de Droitaumont et de Briey (Meurthe-et-Moselle).

Usine de Perreuil (Saône-et-Loire). — Produits réfractaires métallurgiques.

MM. Schneider possèdent, en outre, des intérêts très importants et des participations dans de nombreux Établissements Français et Étrangers, qui, en vertu d'accords spéciaux et du contrôle exercé par eux, constituent en quelque sorte une extension de leurs propres ateliers.

LES

ÉTABLISSEMENTS SCHNEIDER

NOTICE HISTORIQUE

Une charte de 1253, par laquelle Henry de Monestoy vend à Hugues, duc de Bourgogne, sa *villa de Crosot*, est le premier document connu où le nom de Creusot soit mentionné.

La découverte d'un gisement houiller au Creusot, en 1502, fut le véritable point de départ de la création d'un établissement métallurgique, auquel, quatre siècles plus ta. ', MM. Schneider devaient donner un haut degré de développement. Du xvie au xviiie siècle, l'extraction de la houille ne fut poursuivie qu'aux affleurements; c'est en 1769 que commença une exploitation rationnelle et importante, à la suite de la concession accordée par Louis XV à François de la Chaise, seigneur de la Baronnie de Montcenis[1].

---

1. Avant d'être érigé en commune, le Creusot, situé sur la paroisse du Breuil, dépendait de la baronnie de Montcenis. Jusqu'à la fin du xviiie siècle, on employa indifféremment les noms de Montcenis ou du Creusot pour désigner la houillère et les Établissements du Creusot.

En 1782, à la suite d'une enquête ordonnée par le roi, en vue de la création de « hauts fourneaux et autres usines à la manière anglaise » pour le Service de la Marine, fut construite, au Creusot, sous le patronage de Louis XVI, une fonderie, fort importante pour l'époque. Elle reçut le nom de *Fonderie Royale de Montcenis.* Des conventions, passées avec la houillère, dont la concession fut d'ailleurs entièrement rachetée par la Fonderie en 1786, assurèrent dès l'origine l'alimentation en combustible.

Quatre hauts fourneaux furent élevés, de nouveaux puits furent creusés pour l'extraction de la houille, transformée sur place en coke. Le minerai de fer était apporté des mines voisines de Chalencey et de la Pâture. De spacieux ateliers contenaient des fours à réverbère, des machines à feu et à marteau, une fonderie, des forges et une chaudronnerie. En dehors de nombreux canons pour l'armement des Batteries des Côtes de l'Océan et des Batteries de la Marine, la Fonderie Royale livra des tuyaux, des machines à feu, et, surtout, elle alimenta en fontes françaises la Fonderie de canons d'Indret, jusqu'alors tributaire de l'Angleterre.

En 1786, sous les auspices de la reine Marie-Antoinette, une cristallerie, qui avait été d'abord établie à Sèvres, fut transférée au Creusot et réunie à la Fonderie Royale. Cette *Manufacture des Cristeaux de la Reine* fonctionna jusqu'en 1832.

La création, à proximité du Creusot, du Canal du Centre, ouvert à la navigation en 1793, dota la région d'une voie de communication économique et importante, qui devait favoriser la rapide extension des Usines.

Pendant la Révolution, la marche normale des affaires fut suspendue, la Fonderie du Creusot ayant été réquisitionnée et exploitée pour le compte de la Nation. Un arrêté du Directoire prescrivit de la remettre à ses propriétaires, et, pendant tout l'Empire, le Creusot continua à travailler pour les départements de la Guerre et de la Marine, fabriquant des canons de fonte et de bronze, des projectiles et du lest pour les navires de guerre. Parmi les autres fournitures de l'époque, nous citerons les conduites de la pompe à feu de Chaillot (1801 et 1802) et les lions « en fer coulé » de la façade de l'Institut de France (1809).

En 1815, après la signature de la paix, les commandes de canons et de projectiles n'alimentant plus la fonderie et celle-ci n'étant pas en mesure de transformer ses fabrications, le travail cesse complètement; seule la houillère continue à être exploitée. Plusieurs tentatives de reconstitution des Usines demeurent sans succès.

Finalement une adjudication met les Usines du Creusot entre les mains de Joseph-Eugène Schneider, maître de forges à Bazeilles, et de son frère Adolphe Schneider. A la mort de celui-ci, Joseph-Eugène Schneider reste seul à la tête de la maison. Il a pour successeur son fils Henri Schneider, né en 1840, mort en 1898, qui a lui-même pour successeur son fils Charles-Eugène Schneider, né en 1868.

*
* *

En quelques années, MM. Schneider réalisent des

transformations profondes et les Usines acquièrent une réputation considérable. L'exploitation de la houillère est doublée, de nouveaux hauts fourneaux sont construits. Aux anciennes mazeries, destinées à produire une fonte semi-affinée, on substitue les nouveaux procédés d'affinage dits au four bouillant (puddlage). La forge est complètement reconstituée, la fonderie maintient sa vieille réputation ; les ateliers de construction sont presque une création nouvelle et MM. Schneider ne négligent rien pour les monter sur le pied des plus grands ateliers d'Angleterre.

MM. Schneider sont des premiers à s'occuper de la question des locomotives et livrent la première grande locomotive d'origine française qui ait fonctionné en France. En même temps, voulant étendre leurs industries aux constructions navales, ils installent sur les bords de la Saône, à Chalon, des chantiers, dont les fabrications comprendront aussi plus tard d'autres branches de la construction métallique. A ces progrès techniques correspond un grand essor commercial.

L'invention du marteau-pilon à vapeur, par M. Bourdon, ingénieur du Creusot, en 1841, transforme les conditions de forgeage et permet la production de pièces de dimensions et d'une qualité inconnues jusqu'alors.

En 1842, MM. Schneider acquièrent, près du Creusot, l'ancienne forge de Perreuil, qu'ils transforment en une fabrique de produits réfractaires métallurgiques.

Désireux d'assurer, par eux-mêmes, leurs approvisionnements de minerai de fer, ils acquièrent, en 1853 et en 1855, à proximité du Creusot, les concessions de

Mazenay, Créot et Change, d'une étendue totale de plus de 2.000 hectares; le minerai oolithique calcaire de celles-ci constituera pendant soixante ans une partie importante du lit de fusion des hauts fourneaux.

Au moment de la guerre de Crimée, en 1855, MM. Schneider rendent de grands services au pays en livrant, dans des délais très courts, un nombre considérable de machines destinées à la Marine militaire; à la même époque, ils fabriquent les premières plaques de blindage, dont l'emploi vient d'être imaginé par l'ingénieur français Dupuy-de-Lôme.

Les traités de commerce de 1860 modifient profondément les conditions économiques de l'industrie nationale. Pour lutter dans les conditions les plus favorables, MM. Schneider se décident à transformer et à compléter leur outillage suivant un plan d'ensemble.

L'exposition universelle de 1867 permet d'apprécier l'importance des résultats obtenus. Les Établissements couvrent à cette époque une superficie qui dépasse 120 hectares, dont plus de 20 hectares en bâtiments industriels. Les mines de Mazenay et de Change fournissent 300.000 tonnes de minerai de fer par an, la houillère du Creusot 250.000 tonnes de charbon. Le coke est produit dans une batterie de 160 fours. Les hauts fourneaux, au nombre de 15, produisent annuellement 130.000 tonnes de fonte. Une nouvelle forge, construite pour une production annuelle de 200.000 tonnes, contient 150 fours à puddler, 85 fours à réchauffer, 41 trains complets de laminoirs et 30 marteaux-pilons ; elle fournit 110.000 tonnes de fers et de tôles. Les ateliers de construction renferment 26 marteaux-pilons et

65o machines-outils. Le personnel comprend environ 10.000 ouvriers.

En 1869, MM. Schneider acquièrent, entre le Creusot et Nevers, la concession houillère de Decize, d'une superficie de 8.000 hectares, et, près du Creusot, les concessions houillères de Montchanin et Longpendu, couvrant au total près de 2.000 hectares.

De 1867 à 1870, le nouveau problème de la production de l'acier est soigneusement étudié. A la suite d'essais faits par l'ingénieur Martin lui-même, la construction d'une aciérie de son système est décidée; d'autre part, MM. Schneider introduisent en France, en 1870, la première aciérie Bessemer.

Pendant la guerre franco-allemande, MM. Schneider cherchent avant tout à collaborer à la défense nationale: ils parviennent à livrer, en 5 mois, 25 batteries de canons de 7 et 16 batteries de mitrailleuses, soit 25o bouches à feu, sans compter de nombreux affûts et caissons. Après la guerre, des études importantes sont poursuivies pour résoudre les problèmes intéressant l'Armée et la Marine.

Les progrès réalisés dans la production du fer et de l'acier, permettant d'obtenir de plus grandes masses unitaires de métal, rendent nécessaire la création d'un outillage de forgeage plus puissant; un nouvel atelier reçoit le marteau-pilon de 100 tonnes, qui demeure, pendant de nombreuses années, une des curiosités du Creusot.

A partir de 1884, la législation française autorisant l'exportation du matériel de guerre, MM. Schneider peuvent développer leurs fabrications d'artillerie et

lutter contre le monopole de fait qui appartenait
jusque-là aux usines étrangères; de vastes ateliers d'artillerie sont édifiés au Creusot en 1888. Le polygone
de la Villedieu est aménagé à proximité pour les tirs.

Peu de temps après la création de ceux-ci, pressen-
tant l'extension prochaine des industries électriques,
MM. Schneider installent, également au Creusot, des
ateliers d'électricité.

En présence de la faveur croissante des aciers moulés,
qui se fabriquaient déjà avec succès aux aciéries, une
fonderie d'acier autonome est créée en 1892.

Les importantes étapes franchies par les Établissements Schneider depuis 1836 sont encore dépassées
par les développements réalisés à partir de 1897.

C'est d'abord l'installation, au Havre, d'ateliers d'artillerie et l'organisation du champ de tir du Hoc, établi,
entre le Havre et Harfleur, pour exécuter en mer les
tirs des gros matériels de bord et de côte. Au polygone
du Hoc sont bientôt juxtaposés de vastes ateliers pour
le chargement des munitions et des dépôts de projectiles.

Les essais des matériels d'artillerie sur roues exigent
à leur tour un champ de tir à longue portée; il est créé,
en 1899, près d'Harfleur, à 7 kilomètres du Havre et à
2 kilomètres du Hoc, sur les terrains bordant l'estuaire
de la Seine. Près de ce champ de tir est bientôt implanté
un groupe d'ateliers qui, en moins de dix ans, est
devenu un établissement considérable, se consacrant
entièrement aux fabrications d'artillerie, matériels, munitions et artifices.

Les fabrications électriques suivant une progression non moins rapide que celles d'artillerie, il est décidé de leur affecter un établissement spécial, édifié, en 1903, à Champagne-sur-Seine, entre Moret et Fontainebleau ; depuis 1904, les ateliers de Champagne ont construit des machines représentant une puissance totale de près de 1.000.000 kilowatts.

En 1907 est commencé l'équipement d'une des concessions de minerai de fer, obtenues par MM. Schneider, dans le bassin de Briey, à Droitaumont. L'extraction annuelle, qui atteint déjà 600.000 tonnes, doit être amenée graduellement à 1.200.000 tonnes ; ce minerai alimente en partie les hauts fourneaux du Creusot.

La situation géographique des Chantiers de Chalon-sur-Saône ne permettant pas, pour les constructions navales, de livrer des unités dépassant 800 à 900 tonneaux, MM. Schneider avaient, en 1882, coopéré très largement, pour les unités plus importantes, à la création des Chantiers et Ateliers de la Gironde, à Bordeaux ; à partir de 1906, ces chantiers sont équipés de manière à pouvoir construire les plus puissants bateaux des marines de guerre ; depuis cette dernière date, le déplacement total des navires qu'ils ont mis sur cale dépasse 125.000 tonnes.

En 1909, MM. Schneider centralisent, dans la rade d'Hyères, les ateliers et le champ de tir de la Batterie des Maures, en vue de la construction des torpilles automobiles, commencée depuis 1907 : ils assurent ainsi la création, en France, d'une fabrication jusque-là monopolisée par l'étranger.

En 1910 est fondée, en rade de Toulon, la station

d'essais du Creux Saint-Georges, pour la mise au point et les essais des contre-torpilleurs et submersibles, construits soit à Chalon-sur-Saône, soit aux Chantiers de la Gironde.

En 1912, MM. Schneider prennent une part importante à la création des charbonnages de Winterslag, dans la Campine belge.

Enfin, l'extension de leurs affaires d'artillerie, de moteurs et de chaudières, les amène, en 1913, en sus de la transformation et de l'agrandissement de leurs propres ateliers, à contribuer au développement ou même à la création de sociétés filiales, sur lesquelles ils exercent un contrôle industriel, qui équivaut à l'accroissement de leurs propres moyens de production.

Les travaux publics et les entreprises générales sont aussi devenus, depuis quelques années, une branche considérable de l'activité de MM. Schneider, qui ont, en particulier, exécuté des travaux très importants pour les ports du Havre, de Rosario, de Belem-Para (Brésil), de Casablanca (Maroc), d'Alexandrie (Égypte), pour les Chantiers de Reval (Russie), etc., etc.

A côté de ces nombreuses créations, il faut rappeler les transformations profondes et les agrandissements effectués, depuis 15 ans, dans les usines du Creusot et les Chantiers de Chalon-sur-Saône, dont les moyens de production, toujours maintenus en harmonie avec les besoins industriels, sont encore, à l'heure actuelle, en cours de remaniement complet.

Pendant les dix dernières années, les Établissements Schneider ont vu leur personnel s'accroître de 45 o/o et cela malgré l'augmentation et le perfectionnement

2

de l'outillage, qui équivaut, de son côté, à une augmentation notable du personnel ouvrier. Quant à la puissance d'outillage actuellement obtenue, nous pourrons en donner une idée par les chiffres suivants : la superficie totale des terrains possédés par MM. Schneider s'élève à 6.000 hectares, dont 495 de terrains industriels, comprenant 60 hectares de bâtiments couverts. La longueur des réseaux de voies ferrées de tous les établissements est de 290 kilomètres; ces voies ferrées sont desservies par 65 locomotives et 5.700 wagons. La puissance totale des machines à vapeur et à gaz est de 70.000 chevaux, celle des installations électriques de 46.000 kilowatts; les chaudières ont une surface de chauffe de 45.000 mètres carrés. Le nombre des machines-outils atteint 4.200. La longueur des lignes de transport de force et de transport de lumière est respectivement de 250 et 295 km.; 465 km. de lignes téléphoniques desservent 690 postes. Ces chiffres ne s'appliquent qu'aux Établissements Schneider et ne comprennent pas les filiales.

Nous donnons là les chiffres actuels, mais ils seront bientôt notablement dépassés, grâce aux nombreux développements et agrandissements à l'étude ou en voie d'exécution, au Creusot, au Havre, à Champagne-sur-Seine, à Paris et ailleurs.

Nous avons maintenant à examiner quelle fut, à côté du développement technique et industriel, l'œuvre d'économie sociale accomplie, par MM. Schneider, dans l'intérêt de leur personnel, auquel, depuis de longues années, ils ont eu la préoccupation d'assurer le bien-être moral et matériel.

ÉCONOMIE SOCIALE

Dès 1867, au moment de l'Exposition Universelle de Paris, de nombreuses publications mirent en lumière les étapes parcourues dans la solution des questions ouvrières au Creusot. La formation professionnelle, l'évaluation des salaires, la constitution de l'épargne, le problème de l'habitation ouvrière, le régime des allocations aux malades et aux blessés avaient reçu des solutions qui, après avoir longtemps fait leurs preuves, conservent tout leur intérêt théorique et pratique.

L'impulsion donnée fut méthodiquement suivie. Les institutions existantes furent améliorées ; de nouveaux problèmes furent étudiés et résolus, avec le même souci d'équité et de sollicitude pour les travailleurs : réglementation des heures de travail, épargne scolaire, développement du service hospitalier, maison de retraite pour les vieillards. En 1893, M. Georges Picot déclarait, à l'Institut de France, que « l'ensemble des institutions de prévoyance, créées par MM. Schneider depuis 1836, comprend tout ce qui concerne la vie de l'ouvrier[1] ». Depuis la publication de ce rapport, des questions

1. Rapport sur le concours pour le prix Jules Audéoud en 1893 La Réforme Sociale, tome XXVII, Paris, 1894, page 269.

importantes ont encore été l'objet de dispositions spéciales : réglementation de l'hygiène et de la sécurité du travail, création de l'enseignement professionnel supérieur, développement de la mutualité, inspection médicale scolaire, création de l'enseignement ménager, instruction et éducation des orphelins de père ou de mère, préparation militaire, etc....

Celles de ces institutions qui concernent, d'une manière plus particulière, l'organisation sociale, retiennent l'attention à un double point de vue : d'un côté par leur caractère nettement professionnel et corporatif, d'un autre côté par leur antériorité souvent très longue par rapport à des dispositions législatives plus ou moins récentes, ou même à l'étude, avec lesquelles elles ont de grandes analogies et qui semblent parfois s'en être inspirées.

En raison du nombre croissant de leurs Établissements, en diverses régions de la France, MM. Schneider n'ont pas maintenu rigoureusement, dans des centres de mentalité et de traditions très différentes, le cadre primitif tracé à quelques-unes de leurs institutions au Creusot ou dans les Établissements voisins ; ils ont cherché à concilier l'harmonie d'une même conception sociale avec le respect d'usages locaux. Les questions d'Économie Sociale sont trop complexes et trop délicates pour ne pas exiger, comme premier élément de succès, des appropriations et des adaptations, suivant les circonstances de temps et de lieu.

L'ENFANCE ET LA JEUNESSE

La **PREMIÈRE ENFANCE.** — Pour protéger la première enfance et lutter contre la mortalité infantile, MM. Schneider ont cherché à placer leur personnel dans des conditions d'existence matérielle et morale susceptibles de prévenir le mal.

Afin d'améliorer la santé générale de la population ouvrière ils ont, en premier lieu, essayé de développer chez celle-ci des habitudes de tempérance, d'ordre et d'économie. Ils ont toujours surveillé, avec soin, la salubrité de la ville du Creusot et l'hygiène des logements. Par une juste et rationnelle augmentation des salaires, ils ont facilité à tout ouvrier ou employé économe et prévoyant le moyen de parvenir à une aisance suffisante pour que sa femme puisse rester à son foyer et élever elle-même ses enfants.

Des prescriptions spéciales visent les femmes occupées à l'Usine. Si quelque grossesse survient parmi elles, leur travail cesse vers le septième mois, et, après l'accouchement, elles ne doivent pas reprendre leur poste sans un certificat médical, constatant qu'elles le peuvent faire sans nuire à leur santé et à celle de leur enfant. Pendant l'interruption de service ainsi rendue obligatoire, les femmes nécessiteuses reçoivent les secours indispensables.

La gratuité du service médical et pharmaceutique, les notions d'hygiène, propagées dans des conférences et par la distribution de petites brochures, les soins des sœurs gardes-malades sont aussi de puissants facteurs facilitant la puériculture.

En vue d'entourer de toutes les garanties désirables les quelques familles qui doivent recourir à l'alimentation artificielle pour leurs nouveau-nés, l'Hôtel-Dieu du Creusot effectue, dans son laboratoire médical, l'analyse des laits qui lui sont présentés.

L'Hôtel-Dieu possède une maternité où peuvent être transportées les femmes en couches, chaque fois que cela paraît nécessaire ; des couveuses électriques permettent d'y donner aux enfants, nés avant terme ou trop débiles, les soins spéciaux qui leur sont indispensables.

Grâce à ces différentes mesures, la mortalité infantile descend au Creusot à un taux comparable à celui des pays cités comme modèles : pour les années 1912 et 1913, elle est tombée au taux de 6 o/o, alors que le taux moyen, pendant la même période, fut en France de 10.75 o/o.

La MAISON de FAMILLE. — La Maison de Famille recueille et élève les enfants de veufs ou de veuves, dont le père appartient ou a appartenu pendant sa vie au personnel des Établissements Schneider. Elle a été organisée, en 1908, par Mme Eugène Schneider, dans le domaine de la Couronne, à une extrémité du Creusot.

Destinée à devenir l'auxiliaire des pauvres foyers brisés et à maintenir l'idée du centre familial, la Mai-

son de Famille ne garde les enfants que dans la mesure
où le père ou la mère ne peuvent s'occuper d'eux. Les
enfants sont internes ou demi-pensionnaires. Si le père
ou la mère se remarient, les enfants leur sont rendus;
de même, si, au bout de quelques années, la situation
de la famille s'améliore, les enfants reprennent leur
place au foyer ou, d'internes, deviennent demi-pensionnaires.

Les enfants sont admis, sans distinction de sexe ou
de religion, à partir du moment où ils marchent seuls;
à cinq ans et demi, ils vont dans une école choisie par
leurs parents; on les conserve jusqu'à quatorze ou
quinze ans; les garçons peuvent alors entrer à l'Usine
comme élèves-ouvriers et les filles, munies de l'enseignement de l'École Ménagère, sont aptes à aider fruc-
tueusement leur famille pour la tenue du ménage.

La santé des enfants est l'objet d'une attention toute
spéciale. Avant leur admission, ils doivent subir un
examen médical et, pendant leur séjour à la Maison
de Famille, un contrôle médical très actif est exercé.
Un dossier est tenu à jour pour chaque enfant et
permet de suivre l'évolution de sa santé.

On habitue de bonne heure les enfants à considérer
comme indispensables les règles d'hygiène; on cherche
de plus à les préparer au rôle pratique qu'ils seront appelés à remplir dans leur famille; enfin, une part aussi
large que possible est réservée à l'éducation morale.

Les installations réservées aux enfants comprennent :
les dortoirs avec chambres de gardes, les salles de toi-
lette et de bains, la salle de jeux, la salle à manger et
la salle de travail.

La Maison de Famille est entourée d'un parc de cinq hectares, planté d'arbres, dont les pelouses servent aux ébats des jeunes pensionnaires. Dans ce parc sont édifiées deux salles de récréation, l'une destinée aux garçons, l'autre réservée aux filles, pour les jours de pluie. Ces salles servent aussi de parloirs pour les parents, auxquels on donne toutes facilités de voir leurs enfants chaque fois qu'ils le peuvent.

Inaugurée avec six enfants à la fin de 1908, la Maison de Famille en abrite actuellement près de cent, dont la moitié environ sont internes, et les autres demi-pensionnaires.

Si parfois quelques lits sont disponibles, on en fait bénéficier temporairement les enfants, non orphelins, dont la mère est en traitement à l'Hôtel-Dieu.

La plupart des gardes qui soignent les enfants sont elles-mêmes choisies parmi les veuves d'ouvriers de l'usine.

Les ÉCOLES. — Depuis 1837, MM. Schneider ont progressivement créé ou subventionné dans leurs différents établissements des asiles, des écoles primaires de garçons et de filles, des écoles d'enseignement primaire supérieur et professionnel, une école d'enseignement technique et un collège d'enseignement secondaire.

Pour l'instruction des garçons et des jeunes gens, les Écoles Schneider comprenaient, au Creusot seulement, en 1914, trois Groupes Élémentaires, le Groupe Préparatoire, le Groupe Spécial, le Cours Supérieur et le Collège Sainte-Barbe. Ces différentes écoles ont une population scolaire d'environ 1.500 élèves.

Les Groupes Élémentaires, qui reçoivent, en premier lieu, les enfants du personnel et, dans la limite des places disponibles, les autres enfants du Creusot ou même des environs, sont des écoles primaires dont les programmes généraux d'enseignement sont les mêmes que ceux des écoles communales. Les cours sont répartis en quatre degrés; le passage d'un degré à un degré supérieur se fait par voie de concours. Ces Groupes préparent au certificat d'études et surtout au concours d'entrée au Groupe Spécial.

Le Groupe Préparatoire est destiné aux enfants qui ne se présentent pas, ou qui ne sont pas reçus au Groupe Spécial, mais que leurs parents destinent cependant à la vie industrielle. L'admission a lieu sur simple demande d'inscription des parents et quelle que soit l'école fréquentée antérieurement par les enfants. Ceux-ci doivent seulement être âgés d'au moins douze ans. C'est à la fois une école primaire et une école d'enseignement professionnel. Les enfants y reçoivent, avec un complément d'enseignement général, une instruction résolument pratique et qui les oriente directement vers la vie de l'atelier. La durée des études est normalement de un ou deux ans. A quatorze ans révolus, les enfants peuvent être admis comme élèves-ouvriers à l'Usine.

Le Groupe Spécial, comme le Groupe Préparatoire, n'est pas exclusivement réservé aux élèves des Groupes Élémentaires Schneider : le concours d'admission est ouvert à tous les enfants du Creusot et des localités voisines qui satisfont aux conditions d'âge requises. Pour tous les élèves, l'enseignement est également gratuit et, malgré cela, aucun engagement, même temporaire, n'est demandé, ni aux enfants, ni à leur famille, à la suite du concours d'admission.

Les cours comportent quatre années d'études, mais seuls les meilleurs élèves en parcourent le cycle complet. Le passage d'une classe dans la classe supérieure, où le nombre des places est plus restreint, se fait par voie de concours et avec des limites d'âge éliminatoires. Les élèves, arrêtés par leur âge ou par leur rang de classement au bout d'un an ou de deux ans, font une dernière année d'études dans des cours pratiques spéciaux. Ce groupe constitue, en fait, une École primaire supérieure, que l'on peut rapprocher des grandes écoles municipales de Paris. A une culture générale sérieuse, on ajoute une instruction nettement professionnelle.

Tout élève sortant du Groupe Spécial est assuré d'obtenir un poste dans les Établissements Schneider, soit comme employé, soit comme élève-ouvrier, d'après son classement de sortie. Cependant les premiers élèves de la classe la plus élevée continuent leurs études techniques au Cours Supérieur.

La culture physique et la préparation militaire sont largement développées. Le Groupe Spécial forme une Brigade Scolaire, à trois compagnies, possédant un drapeau et une musique, qui est entraînée, chaque semaine, sous la direction d'un officier supérieur de réserve, aux exercices de gymnastique, à la marche et au maniement d'armes.

Le Cours Supérieur, dont les élèves sont recrutés parmi les meilleurs sujets du Groupe Spécial, comprend trois années d'étùdes. Il est destiné à donner aux jeunes gens un enseignement scientifique et technique d'un niveau élevé, se rapprochant de celui de l'École Centrale des Arts et Manufactures. Les cours sont faits par des ingénieurs de MM. Schneider. En dehors des projets ordinaires, les élèves sont initiés à l'agencement, au travail, à la vie complexe des ateliers, qu'ils seront appelés à diriger un jour. A la sortie du Cours Supérieur, la plupart des jeunes gens entrent immédiatement dans les différents services des Établissements Schneider, en choisissant leur poste par ordre de mérite. Quelques élèves poussent plus loin leurs études d'ingénieur, en se présentant à l'École Polytechnique, à l'École Centrale des Arts et Manufactures ou à l'École des Mines.

Dans le but de faciliter l'accès au Cours Supérieur aux fils de familles nécessiteuses, MM. Schneider ont créé l'institution des prêts d'honneur. Les jeunes gens qui, en sortant du Groupe Spécial, en bénéficient, entrent au Cours Supérieur comme leurs camarades et l'on verse à leurs parents une somme mensuelle équivalente aux appointements qu'ils auraient pu avoir immédiatement; ces sommes sont restituées par eux seulement lorsque leur situation d'ingénieur le leur permet.

Tous les locaux des Écoles Schneider sont confortablement aménagés et chaque classe dispose des collections et des instruments nécessaires. Les prescriptions d'hygiène sont rigoureusement observées. Une visite médicale est faite chaque année, pour tous les élèves sans exception, et les observations sont consignées pour chaque élève sur une « feuille d'inspection médicale », tenue à jour pendant toute la durée de la fréquentation scolaire.

Des bibliothèques procurent aux élèves un complément d'aliment intellectuel et de saines distractions. Les habitudes de prévoyance et d'économie sont développées, dès l'enfance, par l'institution d'une Caisse d'Épargne Scolaire.

L'éducation morale des enfants par leurs maîtres est considérée comme une des parties les plus importantes de leur formation scolaire. L'enseignement religieux est confié à des aumôniers et, pour les enfants appartenant à des familles protestantes, au pasteur de l'église réformée en résidence au Creusot.

Par le nombre de leurs élèves et la diversité de leurs programmes, les Écoles du Creusot forment l'ensemble le plus important de celles dirigées ou subventionnées par les Établissements Schneider, qui appliquent, dans les autres centres de leur production industrielle, des principes analogues, avec des modalités un peu différentes suivant les circonstances locales.

En 1914, plus de 5.000 enfants fréquentent ces asiles, écoles de garçons, écoles de filles et écoles professionnelles dont l'entretien exige des sacrifices dépassant 3oo.ooo francs.

La FORMATION PROFESSIONNELLE. — Grâce à une organisation très ancienne, remontant à 1837, MM. Schneider ont peu ressenti les effets de la « crise de l'apprentissage » : pour maintenir le niveau de leur personnel ouvrier ils n'ont eu qu'à mettre en harmonie avec les progrès industriels le système de formation professionnelle, dont une longue expérience leur a permis d'apprécier les résultats.

On peut, d'une manière générale, répartir l'enseignement professionnel en trois parties : la période primaire, à l'école primaire ; la période complémentaire, soit à l'école primaire, soit dans des cours spéciaux, soit à la première classe des cours techniques ; la période professionnelle, aux cours professionnels généraux ou aux cours spécialisés (cette troisième période est remplacée pour les jeunes gens, dans les Établissements Schneider, par leur temps de service comme élèves-ouvriers).

La période primaire est assurée, au Creusot, par le séjour aux Groupes Élémentaires, qui gardent la plupart des enfants au moins jusqu'à douze ans : le seul but poursuivi est de parvenir à une instruction primaire solide. La fin de la période primaire ne présente pas, du reste, les aléas souvent redoutés, puisque cette période fait partie d'un plan d'ensemble et constitue le premier échelon de divers cycles de formation professionnelle. La grande majorité des enfants admis dans ces écoles ne les quittent que pour entrer au Groupe Préparatoire ou au Groupe Spécial, où, à partir de l'âge de quatorze ans, MM. Schneider recrutent exclusivement leurs élèves-ouvriers.

Ces Groupes, qui sont de véritables écoles et non de simples cours complémentaires, remplissent, à la fois, le rôle de classes post-scolaires et d'écoles professionnelles.

Et comme l'on a pu établir sur une vaste échelle,

« dans la profession », une organisation scolaire professionnelle autonome, spécialement orientée en vue des fabrications des usines, on parvient à échapper à la plupart des écueils qui ont fait justement condamner le principe de beaucoup d'écoles professionnelles, d'ordre privé ou officiel.

L'enseignement des Ecoles Schneider étant absolument gratuit, on ne peut faire à ces écoles le reproche de ne s'adresser qu'à une faible minorité. Les limites d'âge imposées par les règlements permettent aux jeunes gens d'arriver assez jeunes à l'atelier pour y acquérir toute la dextérité de main nécessaire. La fréquentation scolaire n'est pas une perte pour les familles, puisque les enfants, dès qu'elle est terminée, obtiennent un salaire, qui, à égalité d'âge, devient rapidement plus rémunérateur que celui de la moyenne des jeunes gens ayant fait un apprentissage ordinaire. Le rendement pratique en élèves persévérant dans leurs études pendant toute leur durée, et persévérant ensuite dans la voie à laquelle elles préparent, est très élevé : plus de 80 o/o des élèves admis au Groupe Préparatoire et plus de 86 o/o des élèves du Groupe Spécial deviennent membres du personnel.

A la sortie des écoles, les élèves choisissent leur travail, d'après leur ordre de mérite. Après une visite médicale devant le chef du service d'hygiène des usines, auquel ils présentent leur fiche sanitaire, ils deviennent membres titulaires du personnel, avec un salaire immédiat. Malgré les sacrifices consentis en leur faveur pendant la période scolaire, on n'exige des élèves-ouvriers aucun engagement d'une durée quelconque. Régis par le même contrat de travail que les ouvriers adultes, ils sont libres de quitter l'atelier à toute époque.

Pendant toute la durée de leur formation manuelle et technique, les élèves-ouvriers ne suivent plus de cours, l'enseignement théorique, approprié et suffisant, leur ayant été donné dans les écoles. Ils peuvent ainsi se consacrer entièrement à leur nouvelle tâche, sans avoir à assumer le surcroît de fatigue et d'attention imposé par les « cours de demi-temps », les plus préconisés aujourd'hui quand il est nécessaire de compléter les lacunes de l'instruction primaire.

Les ÉCOLES MÉNAGÈRES. — Depuis fort longtemps, on avait cherché, au Creusot, dans les écoles primaires de filles, à donner aux enfants un enseignement en rapport avec leurs devoirs ultérieurs dans la vie.

En 1906, MM. Schneider ont fondé une première école ménagère qui devint bientôt trop étroite pour toutes les élèves inscrites ; il fallut, en 1909, puis en 1910, créer un deuxième, puis un troisième groupe, et l'on doit envisager maintenant la prochaine installation de nouveaux groupes. Ces écoles comprennent plusieurs degrés d'enseignement : des cours ménagers, des cours d'adultes et des causeries ménagères.

Les cours ménagers reçoivent les fillettes à la fin de leur instruction primaire, à leur treizième année. Chaque cours comprend vingt-quatre élèves et sa durée est de deux ans. A l'exception des dimanches et des jeudis, l'enseignement est donné, pendant l'année scolaire, tous les jours pendant deux séances de trois heures chacune. Un certificat d'enseignement ménager est délivré, après examen, à la fin des études.

Les cours d'adultes sont destinés aux jeunes filles de seize ans et au-dessus; ils sont faits une fois par semaine, le jeudi, et durent une année. Les causeries ménagères s'adressent aux jeunes filles et aux jeunes femmes qui ne peuvent disposer que d'un temps très restreint; elles ont lieu tous les quinze jours, le dimanche, pendant une heure et demie; elles comportent, en plus de l'enseignement ordinaire, des notions d'éducation maternelle.

Les programmes comprennent un enseignement théorique et un enseignement pratique. Leurs principales subdivisions sont les suivantes : soins d'hygiène et de propreté, cours de nettoyage, cours de raccommodage, cours de coupe et de confection, cours de blanchissage, cours de cuisine, cours de jardinage, cours de comptabilité ménagère.

Les Écoles ménagères sont installées dans des locaux clairs, spacieux et aérés, qui, tout en se rapprochant le plus possible, par la simplicité de leur aspect intérieur et de leur mobilier, de ceux où la jeune fille remplira plus tard sa bienfaisante mission, comportent toutes les commodités et tout l'outillage nécessaires ; salle de travail (raccommodage, coupe et couture), munie d'une machine à coudre, salle de repassage, cuisine avec office, buanderie avec séchoir, jardin.

MM. Schneider, qui ont établi ces écoles entièrement à leurs frais, prennent à leur charge tout leur entretien; l'enseignement et les fournitures sont gratuits.

LES ADULTES

Le PERSONNEL. — CONTRAT DE TRAVAIL et SALAIRES. — Le personnel ouvrier des Établissements Schneider est réparti en trois catégories : les titulaires, les auxiliaires et les journaliers. Les ouvriers titulaires, qui forment la grande majorité, sont recrutés, d'une part, parmi les jeunes gens sortis des Ecoles Schneider, d'autre part parmi les ouvriers adultes, embauchés avant l'âge de trente-cinq ans. Avant leur embauchage, tous les membres du personnel ouvrier doivent passer une visite médicale devant les médecins des Établissements : on examine non seulement l'état de santé général du candidat, mais son aptitude physique pour l'emploi sollicité ; cette précaution permet, pour le bien des deux parties, d'approprier le travail au tempérament de chaque ouvrier.

Le travail a été l'objet d'un Règlement affiché dans tous les ateliers et remis, contre reçu, à chaque ouvrier au moment de son embauchage. C'est par la remise et l'acceptation préalable de ce Règlement qu'est formé le contrat de travail liant MM. Schneider à leur personnel. Ce contrat étant fait pour une durée indéterminée, les ouvriers, de même que MM. Schneider gardent le droit de reprendre leur liberté, à quelque époque que ce soit, sans avoir besoin d'indiquer les motifs de la résiliation. Les seules punitions prévues consistent en réprimandes données, suivant la gravité de la faute, par le contremaître, le chef des travaux ou le chef de service. Seule la réprimande du chef de service peut entraîner, après accord avec la direction du personnel, le renvoi, avec ou sans préavis, ou le déclassement, temporaire ou définitif, de l'ouvrier. La réprimande, non suivie de déclassement, est effacée après un temps dépendant du motif qui l'a entraînée.

Il est interdit aux employés de tenir un débit de boissons ou une maison de commerce; les ouvriers tenant un débit de boissons ne sont admis qu'à titre auxiliaire.

Depuis le mois de novembre 1871, MM. Schneider ont limité, pour tout leur personnel ouvrier, sauf dans les industries à feu continu, la journée de travail à dix heures. Dans les industries à feu continu, où l'on a dû maintenir le temps de présence à l'usine à douze heures par équipe, la répartition du travail est étudiée de manière à réduire sa durée effective, avec des repos d'une durée suffisante au point de vue de l'hygiène.

Les salaires sont payés en espèces, par quinzaine, sauf pour les journaliers, qui peuvent demander à être réglés à la journée. Afin que le taux des salaires soit aussi équitable que possible, il est déterminé par l'évaluation, au moyen de coefficients, d'éléments divers : temps passé, force physique, intelligence, conditions matérielles d'exécution, responsabilité. La fixation du prix à payer pour un travail déterminé et du temps normal nécessaire pour l'effectuer est confiée à des commissions, composées d'un ouvrier expérimenté de la profession intéressée, d'un contremaître et d'un comptable.

Le système d'attribution des salaires comprend une grande variété d'applications des deux grands procédés de rémunération employés : le temps passé et la tâche ou entreprise (entreprise simple, travail mixte, travail à prime). Quel que soit le mode de rétribution usité, MM. Schneider ont toujours eu en vue d'assurer à leurs ouvriers des salaires leur permettant un légitime développement familial. De 1837 à 1914, la progression des salaires a été de 145 o/o.

En dehors des salaires et appointements payés au personnel, MM. Schneider allouent chaque année à leurs agents des sommes importantes, qui constituent une sensible amélioration de leur situation. Ces allocations et subventions représentent un sursalaire moyen d'environ 10 o/o.

Comme conséquence de ces diverses indications sur le travail et sa rémunération, nous pouvons constater la très grande stabilité du personnel des Établissements Schneider. Malgré le développement considérable pris par ceux-ci depuis 15 ans et malgré l'accroissement corrélatif de l'effectif (45 o/o depuis 1904) la stabilité moyenne du personnel titulaire dépasse encore treize ans et nous trouvons que 25,7 o/o de ce personnel a plus de vingt ans de service, 17,1 o/o plus de vingt-cinq ans et 12,7 o/o plus de trente ans.

Les DÉLÉGUÉS OUVRIERS. — Créée en 1899,

cette organisation, d'un caractère nettement professionnel, a pour but de servir d'intermédiaire entre les ouvriers et leurs chefs pour toutes les questions susceptibles de les intéresser.

Les ouvriers de chaque atelier sont constitués en corporations et chaque corporation élit, pour la représenter, un délégué et un délégué suppléant. Sont électeurs tous les ouvriers français de la corporation, pourvu qu'ils jouissent de leurs droits politiques et qu'ils soient inscrits sur la dernière feuille de paye. Sont éligibles, à condition de savoir lire et écrire, les électeurs âgés de vingt-cinq ans, travaillant, aux Établissements Schneider et dans la même corporation, depuis deux ans. Les délégués sont élus, au scrutin secret, pour un an.

A partir de leur élection, les délégués et les délégués suppléants sont chargés d'examiner les désirs ou les réclamations des membres de leur corporation, de les discuter avec eux, et, lorsqu'ils leur paraissent fondés, de les soumettre tout d'abord au contremaître ou au chef d'atelier. Tous les deux mois, ou plus souvent en cas d'urgence, les délégués saisissent les chefs de service des demandes ou des réclamations, qui n'auraient pas été déjà réglées au gré des intéressés. Enfin, après avoir conféré avec le chef de service, ils peuvent, s'ils le désirent, en appeler des solutions adoptées à la direction du personnel.

Si les délégués sont exclusivement choisis par les ouvriers et parmi eux, ils n'en deviennent pas moins, du fait même de leur élection, les agents que la direction emploie à son tour comme intermédiaires pour toutes les communications qu'elle désire faire aux diverses corporations professionnelles.

Le délégué a donc double mission : d'une part, amélioration du sort de ses camarades; d'autre part, œuvre de pacification et de conciliation. Les demandes acceptées et transmises par les délégués sont examinées avec la plus grande attention et, de fait. depuis plusieurs années déjà, plus des deux tiers de celles formulées ont reçu satisfaction. Ces demandes peuvent s'étendre à toutes les questions concernant les ouvriers : organisation du travail, chômage et durée du travail, discipline, salaires, matériel et outillage.

Cette organisation, demeurée spéciale aux Établissements Schneider, offre bien tous les caractères de la vraie délégation ouvrière d'usine : les délégués, élus au scrutin secret, sont exclusivement choisis par les ouvriers et ne peuvent être que des ouvriers de la corporation représentée, à l'exclusion de tout contremaître.

Les MESURES d'HYGIÈNE et de SÉCURITÉ. — Bien avant la promulgation de la loi française du 19 Février 1912, sur la protection de la santé publique, MM. Schneider avaient institué un service d'hygiène, dont la direction est confiée, au Creusot, au médecin en chef de l'Hôtel-Dieu.

Ce dernier agit vis-à-vis des services de l'Usine comme un véritable inspecteur du travail; il est consulté, par la direction du personnel, sur toutes les questions pour lesquelles une compétence médicale est nécessaire : embauchage, changements d'emploi, postes de secours aux blessés, etc....

L'hygiène des locaux industriels est l'objet d'une surveillance permanente. Les locaux nouvellement construits comportent l'application des plus modernes principes d'hygiène et se font remarquer par leurs dimensions spacieuses. Dans les ateliers anciens, des aménagements progressifs donnent des résultats satisfaisant largement aux conditions requises.

Des postes de bains-douches ont été établis dans tous les services où les conditions de travail les rendent particulièrement utiles; les salles sont chauffées au moyen de radiateurs et comprennent des cellules individuelles, munies de jets en « pomme d'arrosoir » distribuant l'eau à la température voulue. Les réfectoires, destinés à permettre aux ouvriers de prendre leurs repas à l'usine, en dehors de l'atelier, sont aménagés de manière à en rendre le séjour aussi pratique que possible; leur propreté est assurée par un agent spécial.

Une commission des logements insalubres surveille les cités ouvrières et les logements isolés, appartenant à MM. Schneider : elle instruit toutes les réclamations faites par le personnel, au sujet des logements qui lui sont loués.

Enfin, le service d'hygiène cherche à profiter de toutes les circonstances et emploie toutes les dispositions voulues pour restreindre la propagation des maladies contagieuses ou épidémiques.

Les mesures destinées à assurer la sécurité du personnel et des usines n'ont pas été l'objet de moins d'attention que celles relatives à l'hygiène. Un inspecteur des services de sécurité est chargé de toutes les questions concernant, soit les risques d'accidents, soit les risques d'incendie.

Un règlement pour la sécurité du travail comprend d'abord des prescriptions générales communes à tous les services, puis une série de chapitres relatifs à chaque catégorie d'appareils. Les contremaîtres reçoivent, avec les prescriptions générales, le ou les chapitres concernant leur atelier. Ils ont ainsi, en peu de pages, des instructions nettes et précises, qu'ils doivent lire et commenter périodiquement au personnel sous leurs ordres.

En plus des dispositions réglementaires ou spontanément adoptées, pour la protection des organes dangereux des machines, les Établissements Schneider prennent, dans tous leurs ateliers, une précaution pour diminuer encore les causes d'accidents : tous les organes protecteurs des courroies, volants, engrenages, etc., sont peints en rouge vif. Cet emploi d'une couleur voyante et indicative, dont les résultats ont été excellents, est adopté maintenant par les grandes compagnies des chemins de fer français, qui ont fait peindre en blanc toutes les parties saillantes sur les voies.

En vue d'assurer la sécurité des usines, le service de sécurité dispose, au Creusot, des organisations suivantes : section de secours, brigade à feu, brigades de réserve.

Les sections de secours sont constituées par des ouvriers qui ont pris volontairement l'engagement de prêter, en cas de danger, leur aide pour la protection du personnel et du matériel. Elles sont familiarisées avec l'emploi du matériel pour les cas d'incendie, et elles sont habituées à se rassembler, rapidement et en ordre, derrière leurs chefs, pour parer à un danger quelconque. Elles possèdent des instructions concernant la conduite à suivre au sujet des incendies, des ruptures de conduites, des explosions de générateurs, etc. Chaque jour l'inspecteur des services de sécurité réunit, sur un point déterminé des usines, la section de secours correspondante et lui fait une instruction sur son rôle et sur l'emploi du matériel mis à sa disposition.

La protection matérielle des usines contre l'incendie est assurée par une canalisation d'eau spéciale, par des postes de matériel de premier secours et par le matériel d'incendie proprement dit, comprenant quatre pompes à bras, une pompe à vapeur et un fourgon-pompe automobile, du modèle de la Ville de Paris.

La brigade à feu constitue un service permanent. Les sapeurs de la brigade, toujours en uniforme, sont répartis en deux équipes, l'une de jour, l'autre de nuit. Une des principales missions de la brigade est de faire des rondes. L'équipe de jour fait, de plus, la manœuvre des pompes et engins de sauvetage, entretient le matériel en bon état et visite les bouches d'incendie. Tous les sapeurs doivent être en état, sans retard, de prêter main forte, en cas de sinistre ou de danger quelconque.

Les brigades de réserve se recrutent, comme les sections de secours, sur inscriptions volontaires, parmi les ouvriers ; leurs membres reçoivent une indemnité mensuelle spéciale. Elles sont commandées par le capitaine de la brigade à feu et relèvent de l'inspecteur des services de sécurité. L'instruction des hommes comporte deux séances par mois.

Dans leurs autres centres de fabrication, les Établissements Schneider ont créé des sections de secours analogues à celles du Creusot. Le matériel d'incendie est de type variable suivant l'importance des ateliers à défendre.

L'HABITATION. — A la fin du xviiie siècle, on s'occupait déjà, à la Fonderie Royale du Creusot, de la question si importante du logement des ouvriers. MM. Schneider firent d'abord construire de nouveaux logements, groupés, suivant les idées en cours, dans de grands bâtiments communs. A mesure que les notions d'hygiène et de bien-être se répandirent, ils améliorèrent les conditions d'aménagement des constructions destinées à leur personnel, et, en 1865, ils en arrivèrent au type à logements indépendants de la cité de la Villedieu, comprenant 105 maisons avec jardins et dépendances. Les cités ouvrières construites depuis cette date ont été établies d'après les mêmes principes; en dehors des cités, MM. Schneider possèdent de nombreux logements disséminés. A côté des logements destinés aux ouvriers, MM. Schneider ont édifié un certain nombre de maisons pour leurs employés de différents grades.

Dans toutes les cités, on a exclusivement adopté des types de maisons avec jardin, à un seul logement et à deux, ou, au plus, à quatre logements, mais toujours tout à fait indépendants. Chaque logement comprend de deux à quatre pièces, suivant la composition des familles qui doivent les habiter, et diverses dépendances (basse-cour ou écurie à porc, cave, w.-c., etc...). Des arbres fruitiers sont plantés dans les jardins. Les logements pour employés ont de quatre à six pièces principales.

Les maisons sont blanchies extérieurement tous les deux ans ; à l'intérieur les logements sont réparés tous les six ans. En cas de décès survenu à la suite d'une maladie suspecte, la maison est désinfectée d'office et remise en état. Une surveillance d'hygiène et d'ordre général, pour la bonne tenue des maisons, est exercée par des agents spéciaux. Des primes sont accordées chaque année aux logements les mieux tenus.

La plupart des logements ouvriers sont loués très au-dessous de leur valeur. Au Creusot, le loyer varie de 1 fr. 25 à 10 francs par mois, suivant le nombre et la dimension des pièces. Ces logements, très recherchés, sont attribués aux membres les plus méritants du personnel, après un classement tenant compte, au moyen de divers coefficients, de la qualité et de la durée des services, des charges de famille et des diverses considérations qu'il a paru juste d'invoquer en faveur de l'ouvrier. De plus, un certain nombre de veuves et d'anciens ouvriers retraités sont logés gratuitement, d'après un mode de classement analogue à celui employé pour les ouvriers en service actif.

De très nombreux jardins, isolés, composés de parcelles de un à six ares, sont également loués au personnel, à un taux infime ; des prix en espèces sont décernés aux locataires des terrains les mieux cultivés. Les locataires des jardins du Creusot ont fondé un syndicat horticole, subventionné par MM. Schneider, qui lui attribuent la jouissance d'un terrain pour ses semis et ses expériences. Enfin, MM. Schneider possèdent, au Creusot, à proximité de la ville, une pépinière, où les ouvriers peuvent trouver, à des prix très réduits, des plants d'arbres fruitiers et d'ornement.

L'ÉPARGNE. — Dès 1838, MM. Schneider encouragèrent leur personnel à faire des économies, à la fois par la perspective d'un intérêt rémunérateur et en leur évitant le risque de placements aléatoires. A tous leurs agents, ils accordèrent la faculté de faire ouvrir chez eux un « compte de dépôt de fonds et d'épargne », et l'institution s'est constamment développée.

L'ouverture d'un compte d'épargne peut avoir lieu, soit par une simple retenue, d'un franc au minimum, sur la feuille de paye, soit au moyen d'un versement initial d'une somme de cent francs ou plus; le compte est ensuite alimenté par des versements ou par des prélèvements sur les salaires ou appointements. Les taux d'intérêt sont de 5 o/o jusqu'à 5oo francs, de 4 o/o de 5oo à 2.000 francs et de 3 o/o de 2.000 à 10.000 francs. MM. Schneider n'acceptent qu'exceptionnellement, et à titre provisoire, les dépôts supérieurs à 10.000 francs.

Ces comptes de dépôt sont extrêmement nombreux, mais leur chiffre serait encore plus important, si, dans bien des cas, les agents ne transformaient, dès qu'ils le peuvent, le montant de leur compte en placements immobiliers. L'acquisition d'un « Bien de Famille », jardin ou maison, est d'ailleurs une forme de prévoyance et d'épargne plus féconde encore en heureux résultats que la constitution d'un capital, et MM. Schneider l'ont toujours facilitée autant qu'il dépendait d'eux. Ils ont meme été les premiers, en 1845, à inaugurer le système de céder à leur personnel des terrains bien au-dessous de leur valeur, et à consentir d'importantes avances pour des achats de terrains et la construction de maisons.

Toutefois, pour ne pas donner aux familles des désirs disproportionnés avec leurs perspectives budgétaires, les avances ne sont consenties, en principe, aux ouvriers ou employés, que s'ils possèdent au moins la moitié de la somme nécessaire à l'acquisition du terrain ou à la construction de la maison.

Quelles que soient les avances faites, l'ouvrier devient immédiatement propriétaire du logement, bâti par lui-même, suivant ses goûts. MM. Schneider mettent à sa disposition, pour le guider dans ses travaux, s'il le désire, et à titre gratuit, leur service d'architecture, pour la préparation des plans et des devis.

Le montant des avances consenties, de 1845 à 1914, s'élève à plus de 5.000.000 de francs, sur lesquels il ne reste pas dû 100.000 francs.

ALLOCATIONS DIVERSES.

Chauffage. — Les ouvriers titulaires mariés des Établissements Schneider où se trouvent des houillères reçoivent gratuitement, en dehors de leur gain journalier, 54 hectolitres de charbon par an. Les ouvriers veufs ou célibataires ont droit au chauffage gratuit dans certaines conditions. Si la quantité accordée n'est pas suffisante, une provision supplémentaire est cédée aux ouvriers à prix réduit.

Cherté des vivres. — Depuis 1910, en raison de l'augmentation du prix de certaines denrées, surtout pendant d'hiver, une allocation, indépendante des salaires et appointements, et variable suivant le montant de ceux-ci et suivant le nombre d'enfants ou de parents à la charge de l'agent, est accordée aux ouvriers et aux employés dont le salaire ou les appointements n'atteignent pas un taux déterminé.

Boissons hygiéniques. — Pendant la période des chaleurs, des distributions de café ou de boissons hygiéniques sont faites aux ouvriers et aux employés.

Familles nombreuses. — Des subventions spéciales sont accordées aux ouvriers ayant des enfants âgés de moins de 15 ans; ces subventions, qui commencent à partir du premier enfant, sont échelonnées suivant un taux progressif, d'après le nombre des enfants et la durée des services. A titre d'exemple, nous indiquerons que les subventions atteignent le chiffre de 345 francs par an pour une famille de six enfants.

Réservistes et territoriaux. — Une allocation journalière, proportionnelle aux salaires, est accordée, pendant la durée de leur période militaire, aux ouvriers travaillant au moins depuis trois mois au moment de leur convocation.

Avances. — Dans des circonstances spéciales (maladie prolongée, décès, mariage, accroissement de famille) et à titre exceptionnel, MM. Schneider viennent en aide à leur personnel au moyen de prêts d'argent.

Veuves et orphelines d'ouvriers et d'employés. — On leur réserve de préférence les postes disponibles de dactylographes ou de téléphonistes.

En dehors des secours spéciaux qui peuvent leur

être attribués, on cherche à améliorer la situation des veuves et des orphelines nécessiteuses, grâce à l'assistance par le travail.

Bureau de secours. — Ce bureau distribue des secours en nature ou en argent aux ouvriers chargés de famille, à ceux qui traversent des périodes de crise, aux veuves, aux orphelins, aux anciens ouvriers nécessiteux. Des secours sont également attribués à certaines familles ne dépendant pas du personnel.

CERCLE. PARCS. SOCIÉTÉS SPORTIVES. SOCIÉTÉS DIVERSES. — En dehors des institutions et des modes d'organisation tendant de la manière la plus directe à améliorer le sort de leur personnel, MM. Schneider n'ont pas perdu de vue certaines questions d'ordre secondaire, et notamment celles relatives aux délassements, deux fois utiles pour les hommes qui consacrent la plus grande part de leur vie au labeur physique ou intellectuel.

Cercle des employés. — Depuis de longues années déjà, les employés et ingénieurs du Creusot ont fondé un cercle, sous les auspices de MM. Schneider, dans de confortables locaux, mis à leur disposition, et dont l'entretien, l'éclairage et le chauffage leur sont assurés. Ce cercle comprend des salles de lecture, des salles de jeux, une salle de billard, une salle d'escrime et une salle des fêtes. Annexe du Cercle, le Parc de la Mouillelongue, situé en dehors de la ville, contient, au milieu des bois, des jeux de tennis, de croquet, de quilles, des balançoires, une pièce d'eau pour le patinage en hiver et une salle de rafraîchissements.

Parc de Montporcher. — De son côté, le personnel ouvrier trouve un lieu de réunion et de distraction dans le vaste Parc de Montporcher, qui renferme une maison de garde avec une spacieuse salle de rafraîchissements, un kiosque de musique, un théâtre Guignol, des jeux de quilles et de boules, des portiques de gymnastique, une piste d'entrainement pour cyclistes, un stand pour le tir à la carabine, un terrain de foot-ball, etc.

Salle des fêtes. — MM. Schneider ont fait construire une salle spacieuse, pouvant contenir environ mille personnes assises : ils la prêtent à différents groupements ou sociétés, désireux de donner des fêtes (conférences, concerts, bals, fêtes sportives).

Sociétés sportives. — MM. Schneider ont toujours encouragé le développement des sociétés sportives parmi les membres de leur personnel. L' « Union Gymnique » dispose, au Creusot, pour ses exercices, de plusieurs salles, édifiées dans chaque quartier de la ville. Il existe en outre une société de tir au fusil, qui est en même temps une société de préparation militaire, et pour laquelle on a aménagé un stand ; — une société d'escrime, devenue en fait une école de préparation au brevet de prévôt ; — le « Club nautique creusotin », qui exerce ses membres au canotage sur les etangs de Torcy ; — « l'Aérophile », qui étudie et pratique l'utilisation militaire des trains de cerfs-volants. De nombreuses sociétés locales sont subventionnées par MM. Schneider dans leurs divers Établissements.

Sociétés musicales. — L' « Harmonie de l'Usine du

Creusot », comprenant 75 membres, est à la disposition des Établissements Schneider pour toutes les exécutions, concerts et concours, où sa présence est jugée utile. A côté d'elle, nous trouvons le « Cercle Choral » et plusieurs sociétés musicales et chorales subventionnées.

LES MALADES ET LES BLESSÉS

Le SERVICE MÉDICAL et PHARMACEUTIQUE.
— MM. Schneider assurent les soins et les médicaments, pour les Usines du Creusot et pour les autres Établissements voisins, à tous les ouvriers embauchés et à leur famille, aux employés et à leur famille (après trois mois de services), aux veuves d'ouvriers et d'employés et aux agents retraités. Chaque ayant droit reçoit une carte d'identité et un livret qui lui permettent de recourir aux consultations journalières des médecins désignés de sa circonscription. Le livret médical donne également accès à la consultation chirurgicale journalière de l'Hôtel-Dieu. Chaque agent et les membres de sa famille inscrits sur son livret peuvent appeler chez eux les médecins de leur circonscription, quand leur état ne leur permet pas de se rendre ou d'être amenés à la consultation journalière. Toutes les ordonnances sont exécutées gratuitement.

Le Creusot et ses environs immédiats sont divisés en plusieurs circonscriptions, auxquelles sont affectés un ou plusieurs médecins attitrés, indépendants de ceux du service hospitalier. Ces médecins relèvent directement des Établissements Schneider et ils doivent se consacrer exclusivement aux membres du personnel et à leur famille. Comme un nombre important d'ouvriers habite dans une zone de trente kilomètres de rayon autour du Creusot, six médecins répartis dans cette région sont désignés pour assurer le service médical de la circonscription qui leur est attribuée.

Pour compléter cette œuvre de protection de la santé de leur personnel, MM. Schneider ont institué, au Creusot, un service de religieuses garde-malades à domicile. Le service des Sœurs, absolument gratuit pour les familles visitées, comporte la garde, de jour et de nuit, des malades et des blessés, les démarches nécessaires pour assurer, en temps utile, l'intervention des médecins et la délivrance des remèdes, l'exécution surveillée des prescriptions médicales. Enfin, les Sœurs, et ce n'est souvent pas là la part la moins astreignante de leur mission, s'occupent des enfants et du ménage de leurs malades, ou de ceux qui sont en traitement à l'Hôtel-Dieu. Les ouvriers qui désirent recourir aux Sœurs n'ont qu'à s'adresser directement à elles, sans autre formalité.

En dehors de la région du Creusot, ce sont surtout des Sociétés de Secours Mutuels, organisées avec l'appui moral et matériel de MM. Schneider, qui s'occupent des membres du personnel malades.

Les PREMIERS SOINS aux MALADES et aux BLESSÉS. — A côté des mesures prises pour assurer des soins dévoués et efficaces à leurs agents, MM. Schneider ont constitué, dans leurs usines mêmes, une organisation permanente de premiers secours Cette organisation peut remédier utilement, par ses seuls moyens, à des malaises bénins ou à des blessures très légères, et, pour les cas plus sérieux, elle permet d'attendre, dans les meilleures conditions de sécurité, l'intervention du médecin et du chirurgien. Ces soins sont assurés par des ouvriers-infirmiers dans des postes de secours.

Les ouvriers-infirmiers reçoivent à l'Hôtel-Dieu du Creusot une instruction préalable théorique et pratique. A la fin de leur stage, ils doivent être capables de remplir toutes les fonctions d'infirmier et de faire les pansements simples. Lorsqu'ils ont repris, dans leurs services respectifs, leur travail normal, choisi de préférence dans les postes sédentaires, ils restent, au point de vue médical, sous la direction du chef du service d'hygiène, qui leur fait périodiquement des conférences. Chaque ouvrier-infirmier possède un règlement auquel il doit, en toutes circonstances, scrupuleusement se conformer.

Les postes de secours, auxquels sont attachés les ouvriers-infirmiers, sont répartis, dans les usines, au nombre de un ou deux par service, à proximité des principaux centres de travail. Ils sont constitués par une petite salle, dont les parois sont recouvertes de peinture émail et qui comporte, en particulier, une armoire à médicaments et à pansements, un lavabo et une table pour les soins. A côté de cette salle, et communiquant avec elle, se trouve une deuxième pièce, qui contient une voiture d'ambulance à bras, bien suspendue et à mouvements très doux, pour le transport des blessés à l'Hôtel-Dieu.

Dans les établissements où le chiffre du personnel ne justifiait pas la création d'un service hospitalier autonome, les postes de secours, plus développés, constituent une véritable infirmerie, où peuvent être provisoirement installés et soignés les malades ou les blessés, en attendant leur transport à domicile ou à l'hôpital le plus voisin.

Le SERVICE HOSPITALIER. — Après avoir subi de multiples transformations et des développements successifs, depuis le xviiie siècle, le service hospitalier du Creusot est installé, depuis 1894, dans l'Hôtel-Dieu, dont la fondation et l'édification sont surtout dues aux dons de Mme veuve Eugène Schneider, de M. et Mme Henri Schneider, et de M. et Mme Eugène Schneider, dons auxquels s'ajouta une importante subvention des Établissements Schneider. Les frais de construction et d'installation se sont élevés, en tenant compte des améliorations récentes, à 2.250.000 francs.

Dans la limite des places disponibles, cet Hôtel-Dieu accueille, en dehors des membres du personnel et de leur famille, les malades ou les blessés de la ville et des environs du Creusot, et les étrangers en résidence temporaire au Creusot. Une aile d'un pavillon est réservée comme hôpital militaire; cette section est autonome au point de vue administratif et médical, et ses rapports avec l'Hôtel-Dieu sont réglés par un accord passé avec le Département de la Guerre. Un traité est intervenu avec la Compagnie du Chemin de fer P. L. M. pour les soins à donner à ses agents blessés ou malades de la région. Enfin, depuis Janvier 1908, l'Hôtel-Dieu est désigné par l'autorité militaire pour être converti en hôpital temporaire de territoire en cas de guerre[1].

L'administration générale de l'établissement est confiée à une Commission spéciale ; le service hospitalier et les services accessoires sont assurés par des Religieuses de Notre-Dame des Sept-Douleurs. Les Religieuses ont, sous leurs ordres, des infirmiers et des infirmières de salle et un personnel domestique ; la Supérieure des Religieuses a la direction du service intérieur de l'Hôtel-Dieu. Le chirurgien et le médecin en chef ont chacun la direction de leurs services respectifs ; ils se suppléent pour assurer la garde permanente le jour et la nuit et sont secondés par des infirmiers de visite et de pansement.

Le service religieux est confié à un aumônier. Le pasteur protestant du Creusot ou les membres d'autres cultes ont libre accès dans les salles auprès de leurs coreligionnaires.

Le séjour à l'Hôtel-Dieu et les soins, tant chirurgicaux que médicaux, sont gratuits pour les ouvriers de l'Usine. Les membres de leur famille peuvent être hospitalisés moyennant un versement d'un franc par jour. Des chambres sont réservées aux malades payants. Ceux-ci peuvent être accompagnés par une personne de leur choix, logée et nourrie aux conditions d'un tarif modéré ; ils supportent les frais d'opération, également suivant un tarif modéré établi par le service chirurgical. Les employés de MM. Schneider bénéficient d'un tarif spécial réduit pour leur admission

---

1. C'est ce qui s'est produit pour la guerre actuelle. En outre de l'Hôtel-Dieu, plusieurs ambulances et hôpitaux temporaires ont été installés au Creusot, avec plus de 1.000 lits.

dans les chambres particulières; de plus, ils ne payent pas de frais d'opération.

Les bâtiments et les jardins, complètement entourés de murs, occupent une superficie de près de six hectares. De chaque côté de la grille d'entrée se trouve un pavillon indépendant, l'un destiné aux consultations journalières, l'autre au service de la pharmacie.

L'édifice principal, dans lequel sont réunis les services de médecine et de chirurgie, se compose d'un bâtiment de 86 mètres de longueur et de deux ailes de 28 mètres aux extrémités. Il contient les salles des blessés et des malades, des chambres d'isolement, des chambres particulières, des réfectoires, des tisaneries, des lavabos, des salles de bains, deux salles d'opérations et de pansements, un laboratoire de chirurgie, des salles d'électrothérapie, de mécanothérapie et de radiographie, les salles militaires, la maternité, la salle du conseil, la lingerie, les cuisines, la communauté des Religieuses, la Chapelle et diverses dépendances accessoires.

Un pavillon annexe, récemment édifié, le Pavillon Antoinette, renferme un service spécial de chambres particulières, le laboratoire médical, le musée, la bibliothèque et des galeries de cure d'air.

Au fond des jardins se trouvent, complètement isolés, le pavillon des contagieux et le pavillon mortuaire. Dans les jardins sont encore édifiés le pavillon des bains, pour le public et les malades non hospitalisés, la buanderie, la salle de repassage et une salle de désinfection.

L'Hôtel-Dieu, avec ses annexes, possède au total,

pour les malades et les blessés, 271 lits, dont 120 sont occupés en moyenne en service courant.

Pour leur mine de Droitaumont, MM. Schneider n'ayant pu, à cause du nombre relativement restreint de leurs ouvriers, songer à organiser pour eux, comme au Creusot, un hôpital spécial comportant l'ensemble des services nécessaires, ont fondé, avec un certain nombres d'autres mines et usines de la région, un hôpital collectif très important, la Clinique des Mines et de la Métallurgie, doté des installations les plus modernes, pour lesquelles on s'est inspiré de l'Hôtel-Dieu du Creusot.

Les ALLOCATIONS aux MALADES et aux BLESSÉS. — Une caisse de prévoyance, instituée par MM. Schneider en 1838, accordait des allocations pécuniaires « aux ouvriers malades ou blessés par suite de leurs travaux » et elle assurait des pensions aux veuves et orphelins des ouvriers « qui viendraient à périr dans les travaux de l'Établissement ». A partir de 1861, l'allocation-maladie fut étendue aux maladies fortuites ou constitutionnelles, ne résultant pas du fait du travail. Les allocations journalières, proportionnelles au montant du salaire, étaient accordées pendant six mois ; au delà de ce délai il était accordé des pensions d'invalidité aux ouvriers restant infirmes, du fait d'accidents. Les veuves d'ouvriers, décédés à la suite d'accidents du travail, recevaient, à partir du décès de leur mari et tant qu'elles ne se remariaient pas, une pension viagère, majorée si elles avaient des enfants jeunes, et proportionnellement à leur nombre.

Ayant supprimé la caisse de prévoyance en 1872, MM. Schneider prirent entièrement à leur charge, à partir de cette date, pour leurs usines du Creusot et les établissements voisins, sans aucune retenue sur les appointements et salaires de leur personnel, le montant des allocations de maladie et d'invalidité et les pensions, servies d'après les mêmes principes que par le passé.

Depuis la mise en vigueur de la loi de 1898 sur les accidents du travail, ils se sont naturellement conformés à ses prescriptions pour les ouvriers blessés, mais ils cherchent, en plus, à améliorer la situation de leurs agents, atteints d'invalidité partielle permanente, en leur réservant certains emplois compatibles avec leurs infirmités. Ils parviennent ainsi à augmenter, très sensiblement dans bien des cas, les moyens d'existence résultant des pensions accordées. Pour les ouvriers malades, les mêmes règlements sont toujours en vigueur.

En dehors de la région du Creusot, les allocations de maladie sont assurées, comme les soins médicaux et pharmaceutiques, par des mutualités, subventionnées par MM. Schneider.

LES VIEILLARDS

Les RETRAITES pour la VIEILLESSE. — MM. Schneider furent parmi les premiers, dans le monde industriel, à instituer un système de retraites pour leur personnel. Le règlement organisant ces retraites date du 1ᵉʳ mai 1877.

MM. Schneider faisaient, à titre de don volontaire et sans aucune retenue sur les salaires et appointements, les versements nécessaires pour assurer à chacun de leurs agents de nationalité française, âgé d'au moins vingt-cinq ans et comptant trois années de services ininterrompus, une rente de retraite, proportionnelle à la durée totale de ses services et au montant des sommes gagnées par lui.

Au bout de vingt ans, cette institution avait, dans son ensemble, conquis une place de premier rang parmi celles du même ordre existant en France, ainsi qu'il résulte de l'enquête de l'Office du Travail, publiée en 1898, sur les caisses patronales de retraites des établissements industriels.

Le 1ᵉʳ janvier 1903, et tout en continuant à faire bénéficier des dispositions antérieures les ouvriers et les employés qui en profitaient avant cette date, MM. Schneider modifièrent leur règlement, afin d'associer leur personnel à l'œuvre de prévoyance qu'est la constitution des retraites. Il fut alors admis que les agents verseraient, par prélèvement sur leurs appointements et salaires, une fraction des sommes destinées à la création des retraites, le complément (s'élevant pour les agents mariés au double de leur propre versement) étant donné par MM. Schneider. Toutefois, en édictant cette règle, MM. Schneider ne crurent pas devoir l'imposer impérativement : ils pratiquèrent le régime de la « liberté subsidiée ».

Ce deuxième règlement fut mis en vigueur jusqu'au 1er juillet 1911, date d'application de la loi du 5 avril 1910 sur les retraites ouvrières et paysannes. Les prescriptions de cette loi modifiaient d'une façon profonde la situation créée par MM. Schneider en faveur de leur personnel. Ils ont, en conséquence, organisé un régime de retraites, appliquant d'abord la législation nouvelle et, en outre, étendant l'obligation aux versements mixtes à tout le personnel ouvrier employé, même dans le cas d'un gain supérieur à 3.000 francs. Désireux d'assurer à leur personnel des ressources suffisantes à l'âge de la retraite, ils ne se bornent pas à l'application stricte de la loi, et continuent à faire des versements supplémentaires spontanés. Pour un ouvrier titulaire marié, leur versement total peut atteindre 58 francs (la contribution légale est de 9 francs). L'ouvrier peut ainsi arriver à obtenir, à soixante-cinq ans, pour lui et pour sa femme, une rente totale de 1.250 francs environ, en admettant qu'il ait fait toute sa carrière dans les Établissements Schneider.

Les ouvriers mineurs sont régis par la loi de 1894 ;

toutefois, si les versements légaux sont insuffisants pour leur constituer des rentes analogues à celles dont peuvent bénéficier les ouvriers titulaires des autres services, MM. Schneider leur assurent, par des versements complémentaires, les mêmes avantages.

En ce qui concerne le personnel employé, une retenue de 3 o/o ou de 5 o/o est faite sur les appointements de chaque agent, suivant qu'il est célibataire ou marié. Dans les deux cas, MM. Schneider versent une contribution d'égale importance.

C'est au moyen de livrets de la Caisse Nationale des Retraites pour la vieillesse que MM. Schneider ont toujours assuré le service de leurs retraites. Ces livrets, créés à partir du premier versement, pour l'ouvrier ou l'employé et pour sa femme (sur la tête de laquelle une partie de la retraite est constituée), deviennent, dès lors, pour le titulaire, une propriété personnelle définitive et irrévocable, ce qui tranche, dans le sens le plus libéral, la question si controversée de la clause de déchéance.

Lorsque le maximum des versements ou de la rente, prévus par la Caisse des Retraites, est atteint, les versements continuent à être faits à une compagnie d'assurances françaises sur la vie. Au-dessus d'un certain chiffre de rente, obtenu par ces derniers versements, diverses combinaisons sont prévues pour assurer à l'agent des avantages complémentaires.

Si, jusqu'en 1911, la totalité des versements prévus par MM. Schneider, pour la constitution des retraites de leur personnel, était faite à titre absolument volontaire, nous voyons qu'actuellement encore, la contribution, rendue obligatoire par la loi de 1910, ne représente, de la part du personnel, qu'une part minime des versements totaux faits par MM. Schneider.

La MAISON DE RETRAITE. — La Maison de Retraite, inaugurée en 1887, a été fondée et dotée par Mme Veuve Eugène Schneider et par M. et Mme Henri Schneider. Cet établissement est destiné à assurer, au Creusot, un asile confortable à des vieillards des deux sexes : on peut en admettre actuellement 80. En principe, il recueille les anciens ouvriers de MM. Schneider, leurs femmes et leurs veuves, mais, s'il reste des places vacantes, on y reçoit aussi les indigents de la ville et même du canton du Creusot n'ayant pas eu d'attaches avec le personnel.

Les admissions sont prononcées par une Commission administrative, chargée de la gestion générale de la Maison; le service intérieur est confié aux religieuses de Saint-Joseph de Cluny, qui assurent elles-mêmes les soins à donner aux pensionnaires.

L'âge d'admission est fixé à soixante ans et exceptionnellement à cinquante-cinq ans. Dans la plupart des cas, les admissions n'ont lieu que bien après soixante ans, et souvent aux environs de soixante-dix ans.

Dans la mesure de leurs forces et de leur bonne volonté, les vieillards sont occupés aux travaux de la maison, sans que cela devienne jamais une obligation pour eux. De fait, les plus robustes sont toujours heureux d'aider les Sœurs, et ils y ont un certain mérite, car ils jouissent d'une grande liberté pour sortir.

Un médecin est spécialement désigné pour le service de la Maison de Retraite; les opérations chirurgicales sont assurées par l'Hôtel-Dieu.

Établie sur les hauteurs de Saint-Henri, la Maison de Retraite comprend un grand corps de bâtiment et deux ailes, dont l'une est occupée par les hommes, l'autre étant réservée aux femmes. Chaque aile renferme cinq chambres-dortoirs à six lits, trois chambres à deux lits et une chambre à un lit, ainsi qu'une infirmerie de deux lits. Au premier étage, quelques chambres à deux lits sont destinées aux ménages. Les deux réfectoires sont dans le bâtiment central. Des galeries promenoirs règnent devant toutes les chambres, et, de plus, les hommes ont à leur disposition une salle pour fumer. Le grand vestibule d'entrée sert de parloir pour les visites des familles. Il faut signaler encore la communauté et l'oratoire des Sœurs, la lingerie, le vestiaire de réserve et diverses dépendances.

TABLE DES MATIÈRES

PARIS

IMPRIMERIE GÉNÉRALE LAHURE

9, RUE DE FLEURUS, 9